AF322607

LA PENSÉE DE CONCEPTION

La pensée de conception

Révolutionnez votre approche de la résolution de problèmes

B. VINCENT

QuantumQuill Press

CONTENTS

Introduction au Design Thinking

Définition et aperçu

La croyance en la configuration est une approche de pensée critique qui consiste à déterminer les besoins du client, à tester les soupçons et à reclasser les problèmes en essayant de distinguer les techniques et les arrangements optionnels qui ne seront probablement pas évidents en une fraction de seconde avec notre degré de compréhension sous-jacent. En son centre, Plan Figuring cherche à révéler des arrangements imaginatifs en évoluant vers des problèmes selon le point de vue du client, alliant ainsi la sympathie pour le cadre d'un problème, l'innovation à l'ère des expériences et des arrangements, et la raison dans la dissection et l'ajustement. réponses pour la circonstance spécifique.

Contrairement aux stratégies de pensée critique conventionnelles qui commencent par un problème raisonnable et recherchent l'arrangement le plus productif, Plan Figuring commence par la reconnaissance que le problème réel ne sera probablement pas complètement perçu. Cette technique dynamise l'examen du problème, des suppositions qui le sous-tendent et des ramifications des arrangements attendus. Un cycle itératif comprend la compréhension des nécessités humaines incluses, la reformulation du problème de manière humaine, la formulation d' un grand nombre de réflexions lors de réunions pour générer de nouvelles idées, l'adoption d'une méthodologie active de prototypage et la promotion d'un modèle testable. C'est réellement à ce moment-là que les arrangements commencent à apparaître et sont à nouveau testés et ajustés jusqu'à ce que le bon arrangement soit reconnu.

Cette approche du développement centrée sur l'humain intègre les besoins des individus, les résultats potentiels de l'innovation et les conditions préalables à la réussite des entreprises. Elle accompagne les associations de différents domaines dans la réalisation de dispositifs d'avancement profondément humains.

Cadre et développement authentiques

Les fondements sous-jacents du Configuration Thinking remontent aux années 1960 et 1970, où il a commencé à se concrétiser en tant que technique conventionnelle. Au début, cela était étroitement lié au design moderne et à l'amélioration d'objets à la fois pratiques et élégants. Quoi qu'il en soit, après un certain temps, sa pertinence s'est fondamentalement élargie, englobant des administrations, des cycles et même des cadres pour des questions complexes dans de nombreuses disciplines.

L'ouvrage original d'Herbert Simon de 1969, « The Studies of the Fake », est souvent reconnu pour avoir posé l'hypothèse centrale derrière la pensée planifiée. Simon a suggéré que le plan devrait être considéré comme une science à part entière – une science qui se concentre sur le monde contrefait que nous créons. Ses réflexions ont éveillé une nouvelle ère de cerveaux pour étudier comment les normes de planification pourraient être appliquées pour résoudre les problèmes de planification d'articles ainsi que les défis culturels et commerciaux complexes.

Au cours des années 1980 et 1990, Plan Believing a également été préconisé par des sociétés de configuration comme IDEO et des fondations telles que la Stanford D. School . Ils ont développé la formation d'une concentration de configuration d'éléments à un instrument de pensée critique plus étendu. Cette période voit la cristallisation du cycle en étapes supplémentaires organisées, le rendant plus ouvert et plus matériel à un champ de problématiques plus étendu.

Importance à notre époque

Dans le monde actuel en évolution rapide et axé sur l'innovation, les difficultés auxquelles nous sommes confrontés sont plus déroutantes et interconnectées qu'à toute autre époque. Les techniques convention-nelles de pensée critique sont la plupart du temps déficientes lorsqu'il s'agit de gérer ces problèmes à plusieurs niveaux. Configuration Figur-ing offre une méthode pour explorer cette complexité en se concentrant sur la compréhension des exigences humaines et des façons de se comporter, en favorisant un raisonnement unique et en cultivant une culture d'essais, d'erreurs et de prototypage.

L'importance de la configuration-figuring de nos jours ne pourrait pas être plus significative. Ce n'est pas simplement un modèle ; c'est une réaction à la complexité croissante de notre environnement général. En affaires, il aide les organisations à créer des produits et des services qui trouvent un écho profond auprès des clients. En formation, il renforce le raisonnement décisif et l'imagination des étudiants. Dans le développement amical, cela donne une structure à la création d'arrangements à la fois efficaces et raisonnables.

En outre, Plan Thinking encourage une mentalité de sympathie, de coopération et de confiance. Cela permet aux personnes et aux groupes d'affronter les difficultés avec un sentiment de probabilité plutôt que de limitation.

| 1 |

Les cinq phases du Design Thinking

Comprenez : votre foule

L'étape principale, l'identification, l'établissement après quoi l'ensemble du processus de réflexion planificatrice est fabriqué. Cela implique de déterminer les exigences, les inspirations et les manières de se comporter des personnes que vous envisagez. Cette plongée profonde dans la réalité du client est essentielle pour créer des expériences qui débouchent sur des agencements inventifs.

La compassion dans la réflexion sur les plans va au-delà de la simple perception ; cela nécessite beaucoup d'efforts, d'engagement et toute l'attention. Des procédures, par exemple des études ethnographiques sur le terrain, des réunions avec des clients et l'avancement de la personnalité, sont utilisées pour rassembler de riches éléments de connaissances. Ces techniques aident les planificateurs à se mettre à la place de leurs clients et à appréhender leurs rencontres d'un point de vue profondément privé.

L'objectif du Relate n'est pas simplement de recueillir des informations mais de ressentir ce que ressentent vos clients. Ainsi , les créateurs peuvent distinguer les exigences inutiles et les désirs que les clients eux-mêmes ne connaissent peut-être pas. Cette étape défie les soupçons et les inclinations, ouvrant de nouvelles voies de développement.

Comprendre non pas une tâche ponctuelle mais un cycle constant qui éclaire toutes les phases de la réflexion configuration. Cela garantit que les arrangements créés sont réellement pratiques et trouvent un écho profond auprès du groupe d'intérêt idéal.

Caractériser : décrire le problème

Avec une compréhension profonde des besoins et des difficultés du client, l'étape Caractériser se concentre sur la définition du bon problème à régler. Cela inclut l'orchestration des connaissances accumulées dans une explication du problème sans équivoque et remarquable qui oriente le reste du cycle de planification.

Une proclamation claire du problème est axée sur le client, présentant des nécessités et des expériences explicites. Il sert de boussole, permettant au groupe de rester ajusté et concentré sur l'essentiel pour le client. Les stratégies, par exemple les questions « Comment devrions-nous » fonctionnent avec le passage de bribes de connaissances à des proclamations de problèmes importants, permettant une enquête approfondie sur les arrangements probables.

L'étape Caractériser est fondamentale puisqu'elle fixe le cap de l'idéation. En articulant évidemment le problème, les planificateurs garantissent que leurs efforts d'innovation sont ciblés et pertinents. Cette étape nécessite un raisonnement décisif et une perspicacité pour distiller des informations complexes sur le client en une brève explication du problème qui résume la quintessence du test.

Ideate : produire des correctifs intelligents

L'idéation est l'étape où l'imagination et le développement deviennent le point focal dominant. Avec une explication claire du problème à portée de main, les créateurs conceptualisent une multitude d' idées, aussi étonnantes soient-elles. L'objectif est de produire une énorme quantité de pensées, en encourageant une culture de l'imagination et de la libéralité.

Des stratégies telles que les réunions pour générer de nouvelles idées, la hâte et la planification psychique sont utilisées pour dynamiser différents raisonnements. Cette étape bénéficie de la variété, car les points de vue fluctuants conduisent à des agencements plus extravagants, plus inventifs. C'est un effort coopératif où le jugement est suspendu et où chaque pensée est invitée et estimée.

L'étape Idéation est celle où les impératifs de la vérité sont brièvement sauvegardés, en tenant compte de l'investigation des limites de l'innovation et du développement. Il s'agit d'un moment urgent du processus de réflexion planificatrice, car il prépare les signes substantiels des arrangements dans les étapes suivantes.

Modèle : Construire des représentations sans équivoque

Le prototypage est l'étape où les pensées se transforment en représentations sans équivoque. Ces modèles peuvent aller de simples modèles papier à des manifestations informatisées ou réelles modernes supplémentaires. Le but est de rajeunir les pensées dans une structure qui peut être communiquée, essayée et affinée.

Le prototypage est itératif ; chaque variante tente de répondre à des questions explicites et de tester des spéculations sur l'arrangement. Il s'agit d'une étape complexe où la déception est considérée comme une source importante d'apprentissage. En rendant les idées claires, les planificateurs peuvent distinguer les problèmes imprévus et recueillir des commentaires substantiels de la part des clients.

Cette étape démystifie et démocratise le plan d'interaction. Les modèles rendent les pensées ouvertes, en tenant compte des efforts coordonnés et des critiques des clients ainsi que des collègues interdisciplinaires. Il s'agit d'une démarche fondamentale visant à rendre les idées dynamiques concrètes et remarquables.

Test : affiner vos réponses

La dernière étape, Test, consiste à mettre les modèles en possession des clients pour accumuler critiques et expériences. Cette étape consiste à comprendre ce qui fonctionne, ce qui ne fonctionne pas et pourquoi. Les tests ne sont certainement pas un événement étrange , mais un cycle répétitif qui alimente à nouveau les étapes précédentes, en termes de raffinement et d'accentuation.

Les critiques des clients lors de la phase de test n'ont pas de prix. Cela donne un réveil brutal et garantit que l'arrangement résout le problème et le fait d'une manière significative et efficace pour le client. Des stratégies telles que les tests A/B, les tests de facilité d'utilisation et la perception intégrée sont utilisées pour accumuler ces critiques.

Les tests mettent en évidence l'idée itérative du Configuration Thinking. Cela est lié au raffinement des pensées, à l'amélioration des collaborations avec les clients et au travail constant sur l'arrangement. Cette étape garantit que le résultat final ou l'administration n'est pas simplement un développement hypothétique, mais plutôt un accord viable, axé sur le client, qui a un véritable effet sur la vie des individus.

| 2 |

Faire preuve d'empathie avec vos utilisateurs

Comprendre la substance de la sympathie dans la réflexion planificatrice

La compassion va au-delà de la simple compassion ou de la saisie ; cela consiste à se mettre à la place des autres, à voir le monde selon leur point de vue et à ressentir ce qu'ils ressentent. En ce qui concerne la pensée configurationnelle, la sympathie permet aux créateurs de découvrir les besoins profonds, souvent non-dits, de ceux qu'ils envisagent. Cette connaissance sympathique donne naissance à des arrangements véritablement imaginatifs qui résonnent au niveau humain.

La manière la plus courante d'établir une relation est de remarquer, de se connecter et de s'immerger dans les rencontres des clients. Cela implique d'être ouvert, curieux et de suspendre ses propres convictions et prédispositions pour comprendre véritablement le point de vue de quelqu'un d'autre. Cela ne s'applique pas simplement aux clients individuels, mais s'étend également à la compréhension du cadre plus vaste de leur vie, y compris les conditions sociales et réelles dans lesquelles ils vivent et communiquent.

Stratégies de compassion

Quelques techniques fonctionnent avec compassion, chacune offrant un point focal alternatif à travers lequel identifier les clients :

• Études ethnographiques sur le terrain : cela inclut l'observation des clients directement chez eux, leur fournissant des expériences sur la manière dont ils interagissent avec leur réalité et les éléments ou administrations qui s'y trouvent. Cela est lié à la capture de leurs façons de se comporter, de leurs horaires et de leurs cérémonies.

• Rencontres clients : Réalisées en mettant l'accent sur la narration, ces rencontres incitent les clients à partager leurs rencontres, leurs inspirations et leurs difficultés. Il s'agit d'étudier les fondements profonds et mentaux de leurs manières de se comporter et de leurs choix.

• Amélioration de la personnalité : la création de profils point par point des clients d'origine, appelés personas, aide à consolider les connaissances accumulées à partir des perceptions et des réunions. Les personas concrétisent l'idée théorique d'un « client », en dirigeant le cycle de planification en gardant le groupe concentré sur les arrangements axés sur le client.

• Planification de la compassion : cet instrument visuel capture ce que les clients disent, pensent, font et ressentent, offrant une perspective globale sur leur expérience. Une activité coopérative distille les perceptions en expériences, aidant ainsi à créer une perspective mutuelle au sein du groupe du plan.

• Planification de l'excursion du client : cette procédure comprend la représentation graphique de l'excursion du client avec un élément ou une administration, en distinguant tous les points de contact avec lesquels il coopère. Il présente des zones de plaisir et de plaisir, donnant un guide pour améliorer l'expérience client générale.

Histoires de terrain : exemples de compassion dans la vie réelle

Les modèles certifiables rajeunissent la force de sympathie dans le développement moteur :

• Soins médicaux : une organisation de gadgets cliniques a utilisé l'exploration ethnographique pour comprendre les difficultés quotidiennes des patients diabétiques. En poursuivant une journée type pour leurs clients, les créateurs ont favorisé un autre siphon d'insuline plus instinctif et mieux intégré au mode de vie des patients, réduisant fondamentalement la honte et le fardeau liés au diabète pour les dirigeants.

• Formation : une startup de technologie éducative a mené des entretiens approfondis avec les deux instructeurs et étudiants pour comprendre leurs insatisfactions à l'égard des étapes d'apprentissage existantes. Les expériences de ces réunions ont conduit à l'amélioration d'une étape d'apprentissage adaptable qui répondait aux nécessités particulières de différents styles d'apprentissage, rendant l'enseignement plus ouvert et se connectant à un corps d'étudiants différent.

• Administrations monétaires : une banque a utilisé la planification de sympathie pour découvrir les tensions et les objectifs des acheteurs d'une première maison. Cette compréhension a conduit à la formation d'un autre système d'administrations qui guidait les clients tout au long du processus d'achat d'un logement, le rendant moins écrasant mais plutôt plus simple.

Activités pour améliorer la compréhension sympathique

Développer la compassion est une expertise qui peut être créée grâce à la formation. Voici quelques activités destinées à améliorer la compréhension sympathique :

• Observation : passez une journée à observer un client, en notant ses horaires et ses communications sans obstruction. Cette expérience vivante donne des connaissances approfondies sur la réalité du client.

• Faire semblant : assumez le travail d'un client explorant une situation ou un défi particulier. Cet exercice aide à assimiler les sentiments et les points de vue du client.

• Études de journaux clients : incitez les clients à tenir un journal de leurs rencontres avec un article ou une administration. L'enquête sur ces journaux peut révéler des expériences sur les besoins et les déceptions des clients après un certain temps.

• Studios de sympathie : créez des studios où les collègues partagent leurs connaissances et leurs rencontres issues des travaux de compassion. Ces réunions encouragent une culture de compassion et d'efforts coordonnés, garantissant que l'orientation client reste au cœur de l'interaction du plan.

La relation avec les clients dépasse une étape du processus de réflexion planificatrice ; une mentalité sature chaque partie du plan. Cela incite les planificateurs à regarder au-delà des évidences, pour révéler les exigences et les désirs implicites qui sous-tendent des arrangements vraiment extraordinaires . Au fur et à mesure que nous passons à l'étape Caractériser, les expériences acquises lors de l'identification guident la définition des problèmes d'une manière qui correspond aux exigences et aux objectifs réels des clients, ouvrant la voie à des arrangements imaginatifs et axés sur l'humain.

| 3 |

Définir votre espace de problèmes

La spécialité de la définition des problèmes dans la réflexion planificatrice

Caractériser le problème est un savoir-faire qui consiste à affiner les connaissances complexes et souvent chaotiques accumulées au cours de la compréhension en une proclamation solide et centrée du problème. Cette affirmation constitue une étoile polaire, dirigeant les processus d'idéation et d'amélioration. Une explication distincte du problème est explicite, centrée sur l'humain et suffisamment large pour considérer la liberté artistique, tout en étant mince au point d'être sensée.

Instruments pour une définition puissante des problèmes

Quelques dispositifs et stratégies facilitent cette étape de base, permettant aux groupes de passer de perceptions larges à des proclamations explicites de problèmes :

• Graphiques de tendresse : cet appareil aide à coordonner et à trier les perceptions et les expériences de Sympathize. En rassemblant des éléments de connaissances connexes, des exemples et des sujets apparaissent, mettant en avant les problèmes centraux auxquels il faut s'attaquer.

• Explications en perspective (POV) : une proclamation POV explique le problème selon le point de vue du client, en se concentrant sur les nécessités et les expériences sans ambiguïté. Il s'agit d'un dispositif de réexamen qui fait passer la concentration d'un problème général à un test personnalisé et remarquable.

• Comment devrions-nous poser des questions (HMW) : Changer les articulations du POV en questions HMW ouvre l'espace d'une enquête innovante. Ces enquêtes sont volontairement pleines d'espoir et accueillent un grand nombre d' arrangements.

• 5 Pourquoi : Cette stratégie consiste à se demander « Pourquoi ? » plusieurs fois pour éliminer les couches d'effets secondaires et arriver à la raison cachée d'un problème. Cela garantit que le problème caractérisé tend vers le moteur sous-jacent et non seulement vers les problèmes superficiels.

Enquêtes contextuelles : définition efficace des problèmes

L'examen des utilisations efficaces de la description d'un problème peut mettre en lumière la force extraordinaire d'un espace de problème distinct :

• Domaine d'innovation : une grande organisation technologique a utilisé des schémas de propension pour mélanger les critiques des clients sur la commodité de leur produit. La proclamation ultérieure du POV s'est concentrée sur la nécessité d'un point de connexion plus naturel, provoquant une mise à niveau qui surpasse fondamentalement l'engagement et la satisfaction du client.

• Promotion sociale : Une association à but non lucratif s'occupant de la pénurie d'eau dans les pays émergents a réévalué ses préoccupations à travers des questions HMW. Plutôt que de se concentrer sur l'absence d'eau, ils ont demandé : « Comment devrions-nous permettre aux réseaux de gérer économiquement leurs actifs en eau ? Cette redéfinition a suscité l'avancement de la zone locale et a conduit à des programmes de préservation de l'eau à la fois convaincants et maintenables.

• Articles achetés par les acheteurs : une organisation de produits alimentaires et de boissons a utilisé la stratégie des 5 Pourquoi pour comprendre le déclin des ventes d'un article célèbre. On a d'abord considéré que le problème était une question de goût, mais le facteur sous-jacent a été identifié comme un problème de regroupement qui rendait l'article difficile à utiliser. Une mise à jour du regroupement a fait baisser les offres.

Réflexions du studio pour la définition des problèmes

Travailler avec des studios peut être une méthode viable pour rassembler des groupes dans le processus de définition des problèmes. Voici quelques réflexions pour les studios qui encouragent les efforts communs et l'imagination :

• Comprendre les réunions de partage : commencez par une réunion au cours de laquelle chaque collègue partage une connaissance vitale du Relate. Ce partage global peut découvrir de nouveaux points de vue et élargir la compréhension du groupe qui pourrait interpréter l'espace des problèmes.

• POV Frantic Libs : utilisez un format pour aider les groupes à faire des explications POV. Par exemple, "[(Utilisateur)] a besoin de [(besoin)] au motif que [(insight)]." Cette méthodologie amusante peut démystifier l'interaction et faire apparaître un raisonnement imaginatif.

• Conceptualisation HMW : divisez-vous en petits rassemblements et créez autant de questions HMW que cela peut être permis à partir des explications du POV caractérisées. Cet exercice dynamise un raisonnement expansif et garantit qu'aucun point chaud potentiel n'est ignoré.

Surmonter les difficultés liées à la définition des problèmes

Caractériser l'espace des problèmes est une tâche la plupart du temps éprouvante, mais certains systèmes peuvent aider à déjouer les pièges normaux :

• Éloignez-vous des prédispositions aux arrangements : restez fixé sur le problème au lieu de vous précipiter dans les arrangements. Un mélange intempestif d'une réponse peut vous étourdir et vous inciter à adopter des méthodes facultatives, peut-être plus créatives.

• Acceptez le flou : l'étape Caractériser inclut fréquemment l'exploration de la vulnérabilité. Acceptez cette équivoque comme une source d'inventivité plutôt que comme une limite à avancer.

• Insistez sur les définitions : les explications des problèmes restent à déterminer. Revenez à la définition de votre préoccupation et affinez-la à mesure que de nouvelles connaissances apparaissent.

Caractériser l'espace problématique dans Plan Believing est une question de clarté, de concentration et de compassion. Il transforme des bribes de connaissances brutes et sympathiques en une direction sans équivoque vers le développement, ouvrant la voie à l'investigation imaginative au stade de l'Idéation. Alors que nous poursuivons, rappelez-vous que la force des arrangements que vous créez est directement liée à la lucidité et à la profondeur de la question que vous avez caractérisée. Avec une proclamation de problème très exprimée comme notre aide, nous sommes actuellement prêts à enquêter sur la formidable scène des arrangements probables au stade de l'idée.

| 4 |

L'idéation : le cœur de l'innovation

Libérer l'innovation

L'idéation est l'étape où l'innovation devient la priorité absolue. C'est un encouragement à réfléchir en profondeur, à remettre en question les soupçons existants et à explorer de nouveaux domaines sans craindre de commettre des erreurs. L'objectif est de produire un ensemble de pensées différentes, du graduel au progressif, qui abordent de manière originale l'espace problématique caractérisé.

Méthodes d'idéation

Pour gérer la capacité d'innovation des groupes, un assortiment de procédures d'idéation est utilisé. Chaque stratégie offre une voie remarquable vers le développement, permettant diverses méthodes de raisonnement et d'efforts coordonnés :

• Conceptualisation : procédure d'idéation la plus largement perçue, la conceptualisation est un mouvement de rassemblement visant à créer une énorme quantité de pensées sur une brève période. L'accent est mis sur la quantité plutôt que sur la qualité, toutes les décisions étant suspendues pour soutenir l'innovation du streaming gratuit.

• Dépêchez-vous : abréviation de Remplacer, Rejoindre, Ajuster, Changer, Mettre à une autre utilisation, Éliminer et Changer. Rush est une procédure basée sur un ordre du jour qui incite les membres à réfléchir à un problème ou à un élément de différentes manières. C'est particulièrement puissant pour développer des arrangements existants en quelque chose de nouveau et d'inventif.

• Planification mentale : Cette méthode consiste à créer une représentation visuelle des pensées autour d'un sujet central. Il permet une réflexion familière, ce qui permet de voir plus facilement les associations entre diverses considérations et idées.

• Dessin et storyboard : ces procédures visuelles envisagent une enquête rapide sur des pensées et des situations. Ils concrétisent les idées conceptuelles, en travaillant avec une meilleure compréhension et correspondance au sein du groupe.

• Faire semblant : Répéter des situations peut révéler des bribes de connaissances sur l'expérience client et les arrangements attendus. C'est une méthode efficace pour ressentir les clients et étudier le bon sens et l'effet de diverses pensées.

• Six Caps de Raisonnement : Créée par Edward de Bono, cette stratégie incite à examiner les problèmes selon six points de vue particuliers (proche, instructif, cohérent, innovant, fondamental et plein d'espoir). Cela garantit une investigation plus ajustée des pensées.

La force d'une pensée disparate et unie

L'idéation vacille entre des raisonnements différents et concurrents. Différents raisonnements sont liés à la production du plus grand nombre de pensées possible, ce qui permet un raisonnement et une enquête non linéaires. Là encore, le raisonnement concurrent limite ces pensées à des arrangements réalisables. L'ajustement de ces deux méthodes de raisonnement est vital pour une idéation puissante.

De véritables exemples d'idéation convaincante

• Un laboratoire de développement de Tech Goliath : dans sa mission de reclassification du détournement de domicile, un groupe a utilisé les grandes lignes et le storyboard pour réfléchir autour de l'expérience client. Cela a conduit à l'avancement d'un cadre de maison intelligente qui s'intègre systématiquement à l'existence quotidienne , changeant l'idée des maisons intelligentes.

• Entreprise de configuration d'effets sociaux : en utilisant la méthode Hurry, une entreprise consacrée au développement de l'accès à l'eau potable dans des régions lointaines a changé sa façon de traiter le raffinement de l'eau, créant un gadget de filtration d'eau pratique et facile à utiliser qui offre une commodité radicalement supérieure. et la réception.

• Organisation de jouets instructifs : en faisant semblant, l'organisation a plongé dans la personnalité des enfants, suscitant l'idée d'une progression de jouets instructifs mêlant apprentissage et jeu de manière créative, modifiant ainsi leur offre de produits.

Travailler avec des réunions d'idéation viables

Pour booster le résultat des réunions d'idéation, certaines pratiques peuvent améliorer l'innovation et la coopération :

• Établissez un climat ouvert : encouragez un espace où toutes les pensées sont invitées et où les membres ont un réel sentiment de réconfort à partager sans avoir peur du jugement.

• Donnez du pouvoir aux pensées folles : Parfois, les pensées les plus choquantes se préparent aux arrangements les plus créatifs. Donnez les moyens de réfléchir au-delà des limites habituelles.

• Développez les pensées des autres : l'idéation est une interaction coopérative. Développer les pensées des autres peut donner lieu à des arrangements imprévus et créatifs.

• Utiliser des guides visuels : les visuels peuvent animer l'esprit créatif et aider à expliquer des pensées complexes, ce qui en fait un atout utile lors des réunions d'idéation.

Difficultés et arrangements dans l'idéation

Si l'idéation est une étape innovante et vivifiante, elle accompagne son agencement de difficultés :

• Surcharge de pensées : La richesse des pensées peut prendre le dessus. L'utilisation de modèles pour se concentrer sur les réflexions en vue d'une enquête plus approfondie peut aider à faire face à ce fardeau excessif.

• Tension de congruence : les groupes pourraient flotter vers des pensées plus sûres et plus naturelles. Encourager la prise de risque et valoriser tous les engagements peut atténuer cette tension.

• Enquête Perte de mouvement : De nombreux examens peuvent étouffer l'innovation. Fixer des limites de temps claires pour les réunions d'idéation peut maintenir l'énergie élevée et les pensées fluides.

L'idéation est le centre puissant du processus de Plan Thinking, une étape qui demande de la réceptivité, de l'inventivité et un effort commun. C'est là que les graines du progrès sont plantées, prêtes à être affinées et reconnues lors de la phase de prototypage. À mesure que nous avançons, rappelons-nous que chaque arrangement remarquable commence comme une simple pensée, une chance étudiée dans les riches terrains de l'étape Idéate.

| 5 |

Le prototypage comme outil d'apprentissage

La quintessence du prototypage

Le prototypage est la quintessence du raisonnement « bombe vite, prends vite ». Il est lié aux pensées rajeunissantes de la manière la plus rapide et la plus efficace possible pour tester les suppositions et accumuler des expériences. Les modèles peuvent aller de portraits de base ou de modèles papier à des maquettes informatisées ou physiques plus modernes. L'essentiel est qu'ils soient rapides et modestes à réaliser, en tenant compte d'un cycle et d'un apprentissage rapides.

Sortes de modèles

Comprendre les différents niveaux et raisons des modèles est important pour réellement les utiliser comme dispositifs d'apprentissage :

• Modèles à faible fidélité : ce sont des adaptations simples de pensées, fréquemment produites à l'aide de matériaux simples comme le papier, le carton ou des maquettes informatisées essentielles. Leur motivation est de tester et d'affiner les idées centrales d'un plan.

• Modèles à haute constance : ils sont plus raffinés et ressemblent étroitement au résultat final , y compris en termes d'utilité et d'apparence. Des modèles à haute dévotion sont utilisés pour tester la commodité et rassembler des critiques point par point.

• Modèles informatisés : réalisés à l'aide d'appareils de programmation, les modèles avancés peuvent reconstituer les interfaces utilisateur et les connexions. Ils sont particulièrement utiles pour tester les applications de programmation et les administrations avancées .

• Modèles réels : ce sont des modèles indubitables d'éléments avec lesquels les clients peuvent interagir. Les modèles réels sont fondamentaux pour tester l'ergonomie, les matériaux et la facilité d'utilisation des objets réels.

Stratégies et dispositifs de prototypage

Diverses stratégies et dispositifs peuvent être utilisés pour créer des modèles, chacun étant adapté à différentes phases du cycle de planification et à différents types d'éléments :

• Esquisse et storyboarding : rapide et puissant pour démarrer l'idéation en phase, compte tenu de l'investigation rapide des idées et des situations des clients.

• Prototypage papier : idéal pour tester les interfaces utilisateur et les processus de travail sans avoir besoin d'une tournure avancée des événements.

• Impression 3D : offre la capacité de créer des modèles réels précis auxquels les clients peuvent s'associer, ce qui la rend inestimable pour tester la structure et les capacités d'objets réels.

• Instruments de maquette informatisés : des programmes tels que Sketch, Adobe XD et Figma permettent aux créateurs de créer des modèles avancés à haute dévotion qui reproduisent les collaborations des clients avec des programmes et des éléments avancés.

• Prototypage d'équipement : des appareils comme Arduino et Raspberry Pi permettent de créer des modèles de gadgets électroniques et astucieux, en tenant compte du test des fonctionnalités et des communications avec les clients.

Utilisations authentiques du prototypage

• Organisation du matériel de l'acheteur : utilisation de l'impression 3D pour créer des modèles réels d'un autre gadget portable. Cela a permis au groupe de tester le confort, l'ajustement et la commodité, ce qui a suscité quelques accents qui ont fondamentalement amélioré le résultat final.

• Démarrage de programmation : utilisation de dispositifs de prototypage informatisés pour répéter rapidement le plan d'une application polyvalente, tester les flux clients et les points d'interaction pour améliorer la commodité et l'engagement du client.

• Fabricant de jouets instructifs : fabrication de papier et de modèles réels d'un autre jouet instructif, permettant aux jeunes de tester rapidement des exemples de connexion et des résultats d'apprentissage, ce qui les a informés sur le résultat final.

Techniques de prototypage viable

Pour utiliser le prototypage comme un puissant instrument d'apprentissage, réfléchissez aux techniques qui l'accompagnent :

• Modélisez tôt et fréquemment : plus tôt vous commencez le prototypage, plus tôt vous pourrez commencer à apprendre et à répéter. Essayez de ne pas vous attarder sur une « grande » pensée ; modèle pour tester et affiner vos idées.

• Accepter la déception comme un apprentissage Une porte ouverte précieuse : Chaque modèle est une théorie testée. Bénéficiez de ce qui ne remplit pas autant que de ce qui le fait, et utilisez ces expériences pour éclairer votre prochaine priorité.

• Centrer sur les demandes clés : chaque modèle doit permettre de répondre à des demandes explicites. Soyez clair sur ce que vous essayez en mettant l'accent sur la garantie d'un apprentissage centré.

• Inclure les clients dès le début : mettez rapidement les modèles sous le contrôle des clients. Leurs critiques sont inestimables pour confirmer des présomptions et révéler de nouvelles expériences.

• Répétez à la lumière des critiques : utilisez les apports de chaque cycle de prototypage pour affiner et travailler sur votre plan. Gardez à l'esprit que le prototypage est un cycle itératif où chaque cycle vous apporte davantage une réponse qui répond aux problèmes des clients.

Le prototypage ne consiste pas seulement à fabriquer des objets ; cela est lié à l'apprentissage et au développement de pensées dans une configuration substantielle. Il s'agit d'un processus itératif d'investigation, de tests et d'affinement qui apporte de la clarté au cycle du plan et garantit que les dernières dispositions sont fondées sur les besoins réels du client et sur des éléments de connaissances. À mesure que nous passons à la phase de test, ces modèles seront soumis à une évaluation approfondie, affinant davantage les réponses pour répondre aux besoins réels des clients.

| 6 |

Mettre en œuvre le Design Thinking dans le développement commercial et de produits

Dans le monde des affaires, Plan Believing est chargé d'améliorer les produits, les administrations et les cycles. Une méthodologie va au-delà des plans d'action conventionnels, se concentrant plutôt sur les nécessités du client pour apporter des contributions sérieusement captivantes, réussies et acharnées.

• Mise à niveau de l'expérience client : les organisations utilisent la mémorisation de configuration pour décrire les voyages des clients et mettre à jour les points de contact pour une satisfaction et une constance plus développées.

• Avancement des éléments : les organisations utilisent le prototypage et les tests itératifs pour favoriser de nouveaux éléments qui répondent mieux aux problèmes et aux hypothèses des clients.

• Révision des processus : les associations appliquent la mémorisation de configuration pour faciliter les tâches, les rendant plus productives et plus faciles à utiliser pour les clients et les représentants.

Modèle : Une grande organisation d'innovation pourrait utiliser la mémorisation de configuration pour créer un nouveau téléphone portable. En s'identifiant aux clients, ils découvrent un intérêt pour des contrôles de protection plus naturels. Grâce à un plan et à des tests itératifs, ils favorisent un point de connexion exceptionnel qui répond à ce besoin, séparant leur article dans un marché bondé.

Pensée configurationnelle dans la formation et l'apprentissage

Les systèmes scolaires adoptent progressivement Plan Remembering pour encourager un climat d'apprentissage vraiment captivant, important et créatif. Il fait progresser le raisonnement décisif, l'innovation et les efforts conjoints entre les étudiants et les instructeurs.

• Configuration du programme éducatif : Plan Believing est utilisé pour favoriser des programmes éducatifs mieux adaptés aux véritables exigences et intérêts des étudiants, rendant l'apprentissage vraiment captivant et pertinent.

• Appareils pédagogiques et innovations : les instructeurs et les créateurs s'associent pour créer des dispositifs et des avancées qui améliorent les opportunités de croissance, à la lumière d' une compréhension approfondie des difficultés et des exigences des étudiants.

• Espaces d'apprentissage : les écoles et les collèges reconsidèrent les conditions d'apprentissage physiques et virtuels pour cultiver la coopération, l'imagination et l'inclusivité, en utilisant des éléments de connaissances acquis grâce à l'identité.

Modèle : une fondation instructive peut utiliser la mémorisation de configuration pour mettre à jour sa phase d'apprentissage basée sur le Web . En comprenant profondément les difficultés et les exigences des étudiants et des enseignants, la fondation crée un climat d'apprentissage sur Internet plus instinctif, ouvert et coopératif.

Pensée configurationnelle pour le développement social et les projets locaux

La pensée configurationnelle offre des atouts utiles pour résoudre des difficultés sociales complexes, en faisant progresser des arrangements raisonnables et bien établis dans les réseaux qu'ils desservent.

• Engagement local : en établissant des relations avec les individus de la région locale, les créateurs de tendances sociales peuvent distinguer les nécessités pressantes et co-créer des accords qui ont un achat certifié et une pertinence.

• Administrations publiques : les législatures et les ONG utilisent Configuration Remembering pour remanier les administrations publiques, les rendant plus ouvertes, efficaces et faciles à utiliser.

• Maintenabilité naturelle : les associations appliquent le souvenir de configuration pour favoriser des façons imaginatives de gérer la soutenabilité, en prenant des dispositions qui compensent les nécessités humaines par la protection écologique.

Modèle : Une association à but non lucratif pourrait utiliser Configuration Remembering pour gérer les déserts alimentaires métropolitains. En comprenant les exigences de la région, l'association co-planifie une organisation de pépinières métropolitaines et de marchés alimentaires portables, offrant de nouveaux produits et s'appuyant sur des pratiques réalisables localement.

Surmonter les difficultés liées à l'exécution de la réflexion sur la configuration

Si le Configuration Figuring offre de nombreux avantages, son exécution peut se heurter à des difficultés :

• Opposition sociale : les associations familiarisées avec les conceptions habituelles à divers niveaux et départements pourraient s'opposer à la nature coopérative et itérative de la pensée configuration.

• Limites des actifs : le temps et les actifs nécessaires à un examen minutieux, au prototypage et aux tests peuvent constituer une limite, en particulier dans des conditions de vitesse élevée ou d'immobilisation des actifs.

• Mise à l'échelle des arrangements : la réflexion planifiée peut susciter des arrangements inventifs à une échelle limitée, mais adapter ces réponses à un public ou à un environnement plus vaste peut constituer un défi.

Procédures de progrès :

• Cultiver une culture de développement : favoriser une culture hiérarchique qui valorise l'inventivité, les essais et erreurs et l'orientation client.

• Accentuez les réussites rapides : commencez par des activités modestes et sensées qui démontrent la valeur de la réflexion configuration, en prenant de la vitesse et en y souscrivant.

• Travailler ensemble au-delà des limites : séparer les réserves au sein des associations et inciter les groupes interdisciplinaires à utiliser des points de vue variés.

La matérialité du Configuration Thinking dans différents contextes met en évidence son exhaustivité et sa viabilité en tant qu'approche de pensée critique. De l'amélioration de l'intensité des affaires à la modification des systèmes scolaires et à la gestion des difficultés sociales, Plan Figuring permet aux associations et aux réseaux de favoriser des arrangements créatifs, axés sur l'humain et significatifs. À mesure que cette philosophie continue de progresser, sa capacité à générer des changements positifs dans tous les domaines reste immense et dans une large mesure méconnue. En faisant preuve de compassion, d'efforts coordonnés et d'apprentissage itératif, nous pouvons utiliser la mémorisation de configuration pour résoudre probablement les difficultés les plus pressantes de la mémoire récente, créant ainsi un avenir plus complet, plus supportable et plus imaginatif.

Identifier les défis courants du Design Thinking

Protection contre le changement

L'une des principales limites à la réalisation d'un Plan Croyant est la protection contre le changement. Les associations familiarisées avec les méthodes simples et habituelles de gestion de la pensée critique pourraient trouver le cours itératif et non direct des tests de pensée configuration. Cette obstruction peut provenir d'une appréhension de l'obscur, d'une absence de compréhension de la procédure, ou de dangers perçus pour les conceptions et les travaux de puissance aménagés.

Combinaison dans la culture d'entreprise

La pensée configuration nécessite une culture de développement, de coopération et un désir d'accepter la déception comme un apprentissage comme une porte ouverte précieuse. Développer une telle culture dans des conditions où la déception est perçue négativement ou où les divisions travaillent dans des entrepôts peut être particulièrement difficile .

Limites des actifs

L'idée itérative du Configuration Thinking, avec son accent sur le prototypage et les tests continus, peut être concentrée sur les atouts. Les associations pourraient avoir du mal à allouer suffisamment de temps, de main-d'œuvre et de plan financier pour maintenir pleinement l'interaction.

Polyvalence des arrangements

La pensée configurationnelle peut susciter des arrangements imaginatifs à une échelle limitée ou à l'intérieur de limites d'entreprise sans ambiguïté. Néanmoins, adapter ces réponses à un contexte plus étendu ou les coordonner dans des cadres et des cycles existants peut entraîner d'énormes difficultés.

Techniques pour vaincre les difficultés

Encourager l'achat hiérarchique dans

• Enseigner et soutenir : commencez par informer les partenaires sur la valeur du Configuration Thinking, en utilisant des analyses contextuelles et des preuves de ses progrès dans différentes entreprises.

• Présenter des gains rapides : exécuter la configuration en s'appuyant sur des projets de portée limitée qui peuvent rapidement montrer des résultats, en gagnant en rapidité et en bénéficiant d'un soutien pour une réception plus étendue.

Développer une culture d'avancement

• Montrez aux autres comment procéder : l'administration doit participer et soutenir efficacement les projets de Configuration Thinking, en soulignant leur importance pour l'association.

• Observer les gains issus de la déception : créez un lieu de refuge pour les essais et les erreurs, où la déception est considérée comme une étape essentielle vers le développement. Présenter et tirer profit de projets qui ne se sont pas déroulés comme prévu peut soutenir cela.

Superviser les actifs en fait

• Approche par étapes : commencez par des modèles à faible dévotion et des tests à portée limitée pour limiter l'utilisation des actifs. Augmentez lentement le risque à mesure que les arrangements démontrent leur valeur.

• Influencer les groupes inter-pratiques : utiliser les différentes capacités et points de vue au sein de l'association pour améliorer le processus de réflexion planifiée, en répartissant les responsabilités et en cultivant un sentiment de fierté entre les divisions.

Garantir la polyvalence

• Planifier à grande échelle dès le début : pensez à la polyvalence dès le début du processus de réflexion sur le plan, en vous attendant aux difficultés d'une exécution plus approfondie.

• Insistez sur le passé de l'arrangement : utilisez les normes de mémorisation de configuration pour résoudre les difficultés liées à la mise à l'échelle des arrangements. Cela pourrait inclure la répétition des plans d'action, des canaux de circulation ou des cadres d'assistance aux clients pour soutenir le nouvel arrangement.

Modèles authentiques

• Une entreprise mondiale a vaincu la protection contre le Configuration Thinking en lançant une progression de studios où les chefs participaient à des pratiques de sympathie et à des réunions de prototypage. Voir le système dans la vie réelle, associé à des récits d'exécutions fructueuses, a contribué à modifier les discernements et à encourager l'adhésion des chefs.

• Une startup technologique aux prises avec des exigences en matière d'actifs a adopté une approche par étapes pour gérer la réflexion sur la configuration. En se concentrant sur un prototypage rapide et à faible fidélité et en utilisant les critiques des clients dès les premières phases, ils ont eu la possibilité de répéter rapidement sans aventure majeure, en adaptant progressivement leur réponse à mesure que la confiance dans sa faisabilité se développait.

• Une Fondation Instructive tendait vers la polyvalence en prenant des dispositions pour cela tout au long. Ils ont favorisé un programme d'exécution expérimental utilisant la mémorisation de configuration pour réviser un cours. La réussite du projet pilote a donné un aperçu de l'extension de la méthodologie à l'ensemble du plan éducatif, soutenue par des critiques et une insistance incessantes.

Vaincre les difficultés liées au Configuration Thinking nécessite une méthodologie essentielle axée sur la scolarité, le changement social et les atouts du conseil d'administration. En encourageant l'achat hiérarchique, en développant une culture qui embrasse le développement et la déception, en supervisant attentivement les actifs et en prenant des dispositions pour la polyvalence, les associations peuvent ouvrir la capacité maximale de la réflexion configuration. Ces procédures atténuent les obstacles et améliorent l'adéquation générale et l'effet des projets Configuration Thinking. En fin de compte, la manière d'explorer ces difficultés consiste à adopter les normes mêmes qui sont au cœur de la pensée configuration : la sympathie, l'effort conjoint et l'apprentissage itératif.

| 8 |

Tendances et technologies émergentes

Coordination avec les innovations précurseurs : la combinaison de la pensée configurationnelle avec des avancées de pointe telles que la conscience artificielle (intelligence simulée), l'IA et le Web des objets (IoT) est appelée à s'étendre. Ce brassage permettra une compréhension plus complexe des besoins et des comportements des clients, induisant des développements à la fois mécaniquement avant-gardistes et profondément humains.

Gérabilité et progrès social : à mesure que les difficultés mondiales, par exemple les changements environnementaux et les déséquilibres sociaux, s'intensifient, la pensée planifiée sera progressivement appliquée pour favoriser des arrangements soutenables et faire progresser le développement social. Sa nature compatissante et itérative le rend approprié pour traiter des questions complexes qui nécessitent une compréhension approfondie de différents points de vue et nécessités.

Coopération virtuelle : l'essor des instruments de travail à distance et d'efforts coordonnés virtuels présente deux difficultés et ouvre les portes à la réflexion configuration. Les futurs cycles du cycle utiliseront probablement la réalité générée par ordinateur (VR), la réalité élargie (AR) et d'autres dispositifs informatisés d'efforts coordonnés pour travailler avec des travaux de sympathie, du prototypage et des tests dans un climat disséminé.

Degré et portée croissants

Réception plus étendue dans tous les domaines : Plan Believing est sur le point de dépasser ses forteresses conventionnelles en matière d'amélioration des affaires et des articles dans des domaines tels que le gouvernement, la formation et les services médicaux. Cet accueil plus large sera motivé par une reconnaissance croissante de la valeur d' un plan axé sur le client. en s'occupant de difficultés complexes.

Scolarisation et préparation : à mesure que l' intérêt pour les capacités de réflexion configurationnelle se développe, l'accent mis sur la scolarisation et la préparation se développera également ici. Nous pouvons espérer voir les normes de Configuration Thinking coordonnées dans les plans éducatifs à tous les niveaux de scolarité, ainsi que dans la tournure des événements et les programmes de préparation en entreprise.

Transformation mondiale et sociale : la pensée planifiée continuera de s'adapter à divers contextes sociaux et difficultés mondiales, se révélant plus complète et plus intelligente en termes de points de vue variés. Ce développement fera progresser l'approche, la rendant beaucoup plus flexible et efficace.

Le destin de Configuration Believing est énergique et prometteur. Ses normes de compassion, d'effort coordonné et d'apprentissage itératif sont immortelles et générales, offrant une structure solide pour le développement dans un monde indéniablement perplexe. Alors que nous acceptons de nouveaux progrès et faisons face à des difficultés mondiales, la pensée planificatrice se développera, impactant et étant affectée par le monde qu'elle tente de faire passer au niveau supérieur. Son avenir sera décrit par des applications étendues, des réconciliations plus profondes avec l'innovation et une mise en lumière soutenue des arrangements pilotés par l'humain. En restant cohérent avec ses normes centrales tout en s'adaptant à l'évolution de la scène, Plan Believing continuera d'être un instrument crucial de développement, équipé pour faire face aux difficultés les plus pressantes de mémoire récente.

L'avenir du design thinking

Alors que nous regardons vers l'avenir, la pensée planifiée reste sur la voie d'un énorme développement. Ce développement est motivé par les progrès rapides de l'innovation, les éléments mouvants des économies mondiales et l'évolution constante des exigences culturelles. La polyvalence de Configuration Figuring en fait une vérification intrinsèquement future , prête à coordonner de nouveaux appareils et à répondre aux difficultés qui surviennent.

Les avancées émergentes telles que le raisonnement informatisé (intelligence simulée), la réalité augmentée (VR) et le Web des objets (IoT) élargissent la réserve d'outils accessible aux créateurs, offrant de meilleures approches d'identification et de test. Ces innovations visent à étendre la façon dont nous pouvons interpréter les rencontres avec les clients, permettant ainsi de prendre des dispositions plus personnalisées et plus ouvertes. Par ailleurs, l'accent croissant sur la maintenabilité et le plan moral pousse Configuration Remembering à intégrer les contemplations naturelles et sociales dans chaque phase du processus de pensée critique.

La démocratisation de la croyance en la configuration est un autre modèle clé. À mesure que la technique s'avère avoir une portée plus vaste, elle est adoptée par un éventail plus étendu de disciplines au-delà des domaines de planification habituels, depuis les services médicaux et l'éducation jusqu'à la stratégie publique et bien plus encore. Cette fertilisation croisée de pensées et d'approches améliore le processus de réflexion planifiée, donnant lieu à des arrangements plus inventifs et plus significatifs.

De plus, les normes de Configuration Believing sont appliquées pour relever des défis fondamentaux, par exemple le changement environnemental, le déséquilibre social et le sort du travail. Cette application étendue met en évidence la flexibilité de la philosophie et sa capacité à apporter des changements significatifs et fondamentaux.

À mesure que nous progressons, la combinaison du Configuration Thinking avec différentes techniques et la transformation constante vers de nouvelles difficultés ne feront qu'améliorer son importance et son adéquation. Le sort final de Configuration Believing est celui de limites étendues, d'effets supplémentaires et de développement ultérieur.

Fin : votre processus avance avec la réflexion sur la configuration

Partir en excursion avec Configuration Believing est une promesse d'apprentissage, de sympathie et de développement incessants. C'est une mentalité autant qu'une procédure, qui vous pousse à voir au-delà de l'évidence, à saisir d'autres nécessités et à prendre des dispositions qui ont véritablement un effet.

Au fur et à mesure que vous avancez, rappelez-vous que Plan Believing est itératif. Chaque étape, depuis la relation avec les clients jusqu'aux tests et au perfectionnement des arrangements, est une chance de développement et de révélation. Acceptez la nature non-hétéro de cette interaction et soyez prêt à revenir , à repenser et à tourner à la lumière de ce que vous réalisez.

La véritable force du Configuration Thinking réside dans son approche centrée sur l'humain. En gardant les nécessités, les désirs et les rencontres des individus au cœur de votre travail, vous prenez des dispositions plus puissantes et encouragez un monde plus complet, réalisable et sympathique.

Que vous soyez un créateur de mode, un instructeur, un pionnier des affaires ou un créateur de tendances, Plan Thinking offre un moyen d'acquérir une compréhension plus approfondie et une pensée critique innovante. Le voyage en avant n'est pas sans difficultés, mais les récompenses – des arrangements révolutionnaires, une inventivité améliorée et la satisfaction d'avoir un véritable effet – sont infinies.

Au fur et à mesure que vous étudiez et appliquez la pensée configurationnelle, gardez une attitude réceptive, faites preuve de sympathie et profitez toujours des individus et de votre environnement général. Votre excursion avec Configuration Believing ne concerne pas seulement les arrangements que vous prenez, mais aussi les expériences que vous acquérez et la différence que vous faites. Voici votre processus à suivre, débordant de divulgation, d'avancement et d'effet significatif.

Annexe A : Ressources pour une formation continue

1. Livres:
    ◦ "La conception des choses du quotidien" par Don Norman
    ◦ "Changement par conception" par Tim Brown
    ◦ "Design Thinking : intégrer l'innovation, l'expérience client et la valeur de la marque" par Thomas Lockwood
2. Sites Web et plateformes en ligne :
    ◦ IDEO.org (un cabinet de conseil en design mondial qui a créé un guide sur le Design Thinking)
    ◦ Stanford d.school (propose des ressources et des guides sur la façon d'appliquer le Design Thinking)
3. Cours et ateliers :
    ◦ Introduction au Design Thinking (offert par Stanford d.school)
    ◦ Cours en ligne Design Thinking d'IDEO U

Annexe B : Modèles et outils

1. Modèle de carte d'empathie : un outil permettant de synthétiser les observations sur l'expérience d'un utilisateur en informations exploitables.
2. Modèle de personnalité : aide à créer des profils détaillés d'utilisateurs typiques pour guider le processus de conception.
3. Modèle de carte de parcours client : pour cartographier les étapes par lesquelles un client passe pour s'engager avec un produit ou un service, en identifiant les interactions et les émotions clés.

4. Modèle de questions Comment pourrions-nous (HMW) : un cadre pour transformer les idées en questions ouvertes qui stimulent l'idéation.

Annexe C : Glossaire des termes

- Design Thinking : une approche de résolution de problèmes centrée sur l'utilisateur qui implique la compréhension des besoins de l'utilisateur, l'élaboration de solutions, le prototypage et les tests.
- Empathie : la première phase du Design Thinking, axée sur la compréhension des besoins, des comportements et des expériences des utilisateurs.
- Prototype : un modèle simple ou une version préliminaire d'un produit ou d'un service utilisé pour explorer ou tester des idées avant la production finale.
- Itératif : processus caractérisé par des cycles répétés de test, d'apprentissage, d'analyse et de perfectionnement d'un produit ou d'un service.
- Personnalité de l'utilisateur : personnage semi-fictif créé pour représenter un type d'utilisateur susceptible d'utiliser un service, un produit, un site ou une marque de la même manière.

Annexe D : Lectures recommandées

1. Articles sur l'avenir du Design Thinking :
    - Explorer comment les technologies émergentes telles que l'IA et la réalité virtuelle s'intègrent au Design Thinking pour améliorer l'expérience utilisateur et l'innovation.
    - Discussions sur le rôle du Design Thinking dans la réponse aux défis mondiaux tels que la durabilité et l'équité sociale.
2. Études de cas:

○ Comptes rendus détaillés de projets de Design Thinking réussis dans tous les secteurs, mettant en évidence le processus, les défis et les résultats.

En fournissant ces annexes, le livre vise à fournir aux lecteurs une boîte à outils complète pour naviguer dans les complexités du Design Thinking, des concepts fondamentaux aux applications avancées. Que vous soyez un débutant désireux d'explorer le potentiel du Design Thinking ou un praticien chevronné cherchant à approfondir votre expertise, ces ressources offrent des informations précieuses et des outils pratiques pour vous accompagner dans votre parcours.